JN436909

황홀한 우화(羽化)

황홀한 우화(羽化)

배영운 네 번째 시집

月刊文學 출판부

시는 사랑하는 마음입니다.

차례

황홀한 우화

어미 새

어미 새는 바쁘다

노란 입을 벌리고 보채는 성마른 새끼의 왕성한 식욕
그 간절하고 애처로운 배고픔의 외침

비바람 어떤 시련과 장애도
새끼를 향한 어미의 지극한 정성을 꺾지 못한다

그칠 줄 모르는 샘물 같은 사랑

아무리 힘들어도 결코 한눈팔거나 포기할 줄 모른다

세상 그 무엇과도 대신할 수 없는 치열하고 애틋한 모성

고단하지 않은 어미의 삶은 없다.

맨발

우리는 태어날 때 맨발이다
그러나 언제나 뭔가 신고 있다

맨발로 걸어볼 기회가 거의 없다
양발을 신고 신을 신는다

오랜만에 맨발로 해변을 걷는다

발가락에 파고드는 모래의 감촉
그 부드러운 상쾌함과 자유!

사슬에서 풀려난 듯한 해방감과
무거운 압박에서 벗어난 홀가분함

맨발일 때
날아갈 듯 무한한 일탈을 느낀다.

뿌리

뿌리는 땅속에 숨어 있어 보이지 않는다

뿌리는 나무가 높고 무성하게 자라도록 땅속으로
깊이 파고들어 간다

뿌리의 깊이가 나무의 높이를 결정한다

세상엔 보이는 것도 보이지 않는 것도 있다

나무는 보아도 뿌리는 보지 못한다
나무가 지탱할 수 있는 건 뿌리 때문이다

힘든 일은 뿌리가 하고 보이는 일은 나무가 해도
불평하지 않는다

세상에는 나무 같은 사람도 뿌리 같은 사람도 있다.

고향 마을

어릴 때 살던 곳 세월이 한참 지난 뒤 가 보면
모두가 작아 보인다

집도, 마을도, 주위의 산과 들, 주변의 모든 것,
시골길이 더욱 좁아 보이고
그리고 초등학교 운동장과 그 큰 플라타너스까지

작고 어려서 크게 보인 걸까?
그땐 무척 크고 넓고 우람했었다

모든 게 낯설고 또 낯익다
다 변했는데 또 변하지 않았다

곳곳에 스민 어린 날의 추억이 새삼스럽다

코흘리개 개구쟁이 녀석들이 어디서
금방이라도 뛰어나올 것만 같아 두리번거린다

꿈 많고 신나던 날의 그립고 아련한 향수

변함없이 옛 그대로의 산과 들

날이 어둡도록 골목에서 뛰어놀아
엄마가 밥 먹어라 몇 번이고 부르던,

그때 그 어린 시절로 다시 돌아가고 싶다.

호스피스

큰 아픔을 가장 작도록
무겁게 짓누르는 두려움을 한결 가볍도록
사랑으로 기적을 일으키는 천사 같은 손길
동정과 슬픔 속에서 일을 해야 하는
오직 정성으로 보듬어 길을 놓는다

누구나 홀로 떠나야 할
외롭고 쓸쓸한 영원의 길

마음의 문을 닫고 때론 투정부리고
모든 걸 부정하고 거부하는

대소변을 받아내야 하는,
혈육(血肉)조차 견디기 힘든 일을
스스로 자원(自願)한다

죽음의 그림자가 짙게 드리운
수척하고 창백한 고통의 모습을
끝까지 따뜻이 지켜주며 함께 하는

때론 같이 눈물을 흘리는
사랑의 화신(化身)인 신의 대역자(代役者)

다가오는 죽음 앞에서
죽음을 긍정하고
세상과 화해하고
주위를 용서해
감사와 기쁨과 평안을 얻게 한다.

심연(深淵)

이상한 끌림과 두려움이 존재한다

풍덩 뛰어들기도 싶고
선뜻 들어갈 수 없는 위험을 느끼기도 한다

깊고 푸르게 고여 있어 신비로우면서도
뭔가 깊은 비밀을 숨기고 있을 것만 같다

멀고 먼 아득한 시간과 침묵이 고여 있어
가까이 다가갈 수 없는 경외심과
알 수 없는 불안과 원초적 공포가 있다

밀면서 끌어당기는 떨칠 수 없는 호기심
그 강열한 유혹의 힘은 도대체 뭘까?

무겁고 푸르게 가라앉은
헤쳐 볼 수 없는 비밀을 품고 누워 있는 심연

경이로움 속에
짙은 갈망의 눈으로 바라본다.

기러기

외줄로
또는
두 줄이 잇댄 화살 끝 형상으로
기러기가 날아간다

조그만 흐트러짐도 없이
오직 한 일념으로
살아 있는 띠처럼
나부끼듯 흐르며 날아간다

가지런히 날아가는 모습을
끝까지 바라본다

가장 작은 것이 가장 위대할 때가 있다

바람에 날려가듯
기러기들이 점점으로 하늘에 떠
가물가물 까마득히 날아간다.

귀여운 새끼

동물이든 사람이든 새끼는 귀엽다

제 꼬리를 물려고 뱅글뱅글 도는 강아지가
어미 등에 올라탄 삐약거리는 병아리가
깡충깡충 뛰어다니는 송아지가
그렇게 귀여울 수 없다

주먹을 입에 넣으려고 버둥거리는
젖 냄새 풍기는 포동포동한 아기가
꽉 깨물어주고 싶도록 귀엽다

어릴수록 새끼는 왜 귀엽고 예쁠까!
혼자 생존할 수 없어서?

볼수록 신기하고 사랑스럽다
언제나 보살피고 보듬어주고 싶다

가만히 바라본다

사랑과 자비를 일깨우는 경이로움과
생명의 신비와 생존의 고귀한 모습을 본다.

환경미화원

이른 새벽
잘 보이지 않는 어둠 속에 움직이는 사람이 있다
그는 매일 시계처럼 정확히 새벽을 쓸고 있다

서로 기피하지만 누군가 해야 하는
눈에 띄지 않지만 꼭 있어야 하는
어렵고 힘든 일을 묵묵히 하고 있다

자기의 귀(貴)함을 모르는 이의 성실이 더 귀하듯
그는 도시의 온갖 추(醜)함을 쓸고 줍는다

거짓 없이 열심히 사는 일상(日常)이 더 가치가 있듯
평범 속의 비범함이 더욱 빛난다

칼날 같은 매서운 바람 속 혹한(酷寒)에도
땀이 비 오듯 숨 막히는 후텁지근한 혹서(酷暑)에도

보든 보지 않던
맡은 일에 최선을 다하는 모습 아름답기까지 하다

모두가 잠속에 빠진 이른 새벽
그는 오늘도 있는 듯 없는 듯 가난한 마음으로 어둠을
쓸고 있다.

여보

나직이 속삭이고 싶은,
연인들이 그토록 꿈꾸고
하고 싶고 듣고 싶어 한 말

사랑하는 이들이 간절히 소원한,
오직 부부만이 부를 수 있다

남편이, 아내가 가질 수 있는
세상에서 가장 애틋하고 정겨운 말

여보!

젊었을 적은 더 없이 행복한,
늙었을 적은 더 없이 평안한,

여보, 사랑해!
여보, 미안해!

오로지 부부만 나눌 수 있는
세상에서 가장 아름답고 소중한 말.

자선냄비

거리에 찬바람이 불고
옷깃 여민 사람들의 발길이 바쁘다

어느덧 올해도 저물어 가는지
자선냄비가 거리에 나타나고

구세군(救世軍)이 흔드는
짤랑거리는 종소리가
묘한 여운으로 가슴을 울린다

세모(歲暮)거리에
해마다 펼쳐지는 아름답고 정겨운 풍경은
늘 뭔가 생각하게 하고 느끼게 하는
봉사(奉仕)와 헌신(獻身)의 감동을 본다

현란한 네온사인의 빛 숲에 묻힌 자선냄비

잊고 지낸 이웃을 다시 돌아보게 하고
소홀했던 사랑을 되새기고

모질고 얼은 마음을 따뜻하게 데운다.

노점상(露店商)

시장 입구
또는 어느 번잡한 길가 빈자리에
펼쳐놓은 조그만 삶의 자리

단속원에게 쫓기고
옆 사람과 자리다툼 벌이고
때론 돈을 뜯기고

지나는 이에게 사 달라 조르며
치열하게 삶을 판다

약삭빠른 계산과 뜨거운 홍정 속에
닳아지는 삶의 체면들

뿌리가 없어
붙박여 있지 못하고 늘 불안한,
작고 보잘 것 없지만
가족을 지켜주는 귀중한 삶터다

어둠이 내리고
힘든 하루를 접으며

거칠게 헤쳐 온 삶의 무게와
염치와 바꾼 하루를 달아보며
다시 조그마한 소망과 꿈을 키운다.

분재(盆栽)

비틀고 묶이고 휘어지고
꺾이고 잘리고 다듬어지고

왜곡되게 자라야
가장 바르게 자란다는 곳

과도한 욕심과 지나친 열정이
실패를 부르기도 하지만,

기형(畸形)으로 길러져 완전히 불구라야
가장 가치를 인정받는 곳 분재다

형식과 외형만을 중시하는
비정상이 정상인,

온실에 자라
화초(花草)처럼 살 수 있지만

비바람 추위를 맞는 나무처럼
울창하게 자라지 못한다.

손편지

하고 싶어도 실제로는 잘 안 되는
쉬운 것 같으면서 어려운,
그런 속마음을 전할 수 있다

포근한 정이 소복이 담긴 손편지
부담 없이 그냥 쓸 수 있어 좋다

맨살의 온기가 그대로 묻은 진솔한 글
진심으로 아끼고 위하는 마음

숨겨온 맘속 속살이 살짝 보이는,
쓰는 이도 받는 이도 기쁘고 행복하다.

막일

아파트 신축 공사장에서 막일을 한다
배운 기술도 경험도 없으니 그냥 몸으로 때운다

하는 일이 매일 달라 서로 쉬운 일을 맡으려 하고
땀으로 목욕하며 기계의 한 부속품처럼 반복되는,
단순한 일거리 속 살기 위한 이기적 생존 원리만 있다

온몸이 아프고 쑤셔 더는 일을 못할 것 같은데
다음날이면 이상하게 다시 계속할 수 있게 되고

인간성을 갉아먹는 힘든 육체노동과 마모되는 생각의 힘
머리는 없고 팔다리만 있으면 된다

있어도 없어도 아무나 상관없고
그날그날 시키는 대로만 하면 되는,

처음에는 도저히 견딜 수 없을 것 같은데
죽으란 법이 없는지 희한하게 견딜 수 있게 몸이 적응한다.

사이

사람과 사람 사이

부모 형제간도
친구와 사랑하는 연인도
사이가 있다

너무 멀어도 가까워도
곤란한 거리

알맞은 사이가
우리를 살고 숨 쉬게 한다

사이가 깨지면
불안하고 괴롭다

한없이 평안하고 자유롭고
한없이 거북하고 부담되고

미묘하고 신비로운
사람과 사람 사이.

너무 작은 옥수수

비탈진 언덕 잡초 속에
아주 작은 옥수수 한 포기가
용케 자라나고 있다

왕성한 잡초에 치여 키가 두 뼘 정도다

그래도 새끼손가락만 한 옥수수가
두 개나 달렸다

치열한 생존이 오히려 눈물겹다.

어부

한탄강에서 일생동안 어부로 산 노인이 말했다

"추우면 물고기가 몰려 다녀요!"

얼음 밑에서 꺼낸 그물에 고기가 가득하다

"그래요?!"

진짜 어부가 되려면,

"물고기보다 머리가 좋아도 안 되고
물고기보다 머리가 나빠도 안 돼요
물고기가 돼야 해요!"

허드렛일

해도 해도 끝없는 일
하려고 하면 손 놓을 수 없는,
그러나 돌아서면 일한 표시가 없다

해도 그만 안 해도 그만 하찮게 여겨
아무리 열심히 해도 빛이 나지 않아
일도 사람도 홀대하고 대접받지 못한다

허드렛일은 일하는 사람까지 허드레로 본다

중심이 아닌 주변의
자질구레한 귀찮고 허름한 잡일

그러나 없으면 안 되는 꼭 필요한 일
일 같지 않아 무시하기 쉽지만,

모르고 지나가는 수많은 은혜같이
그 고마움을 알지 못하고 깨닫지 못한다.

바람

바람이 되고 싶다
아무데나 가고
막히면 돌아가고 무한히 가볍다

미련이나 아픔도 없이
왔다 가버리는
잡히지도 잡을 수도 없는 바람

나는 바람이고 싶다
어디에도 매이지 않고
매일 수 있는 몸도 무게도 없다

사납게 몰아치고 가볍게 살랑거리고
잠시도 머물지 않는
갇히면 죽고 마는 너는 타고난 자유인

종잡을 수 없이 마음대로 날며
나뭇잎 쓸고 꽃을 어루만지고
광야(廣野)를 달린다.

보살님

늙수그레한 살이 붙은 원만한 할머니
볼 때마다 공손히 합장하고 다소곳하다

남다른 세월을 겪었음 직도 한데
언제나 밝고 구김살 하나 없다

세월이 들수록 낡고 누추해지기 쉬운데
언제나 정갈하고 세월의 때가 없다

그늘이 없는 밝고 따스한 얼굴
저 얼굴을 갖기까지
얼마나 많은 사연을 안으로 곰삭혔을까!

늘 자애로운 미소 속
곱게 늙어가는 얼굴이 부처님을 닮았다.

초침(秒針) 소리

째깍째깍 끊임없이 소리를 낸다
들리지 않다가도
문득 들릴 때 고요를 듣는다

초침 소리가 들릴 때가 있고
안 들릴 때가 있다

마음이 있으면 들린다
마음이 없으면 들리지 않는다

세상의 모두가 소리를 내고 있다
말을 하고 있다
다만 듣지 못할 뿐이다

마음을 열면 모든 게 들린다
마음이 깊으면 더 크게 들린다

크게, 작게, 전혀 모르게
째깍째깍 초침이 가고 있다.

우리들

사촌이 땅 사면 배 아프고
내 배 아픈 건 참아도 남 잘 되는 건 못 보고

좁은 땅에 와글거리는 수많은 사람들
살기 위해 모질고 영악(靈惡)하지 않으면 안 된다

부지런하지 않으면 끈질기지 않으면
잡초처럼 강인하지 않으면 살아남지 못한다

치열하고 지독하고 맹렬하며……

그리고, 힘들고 어려울수록 더욱 빛나고 왕성하여
위기에 강하다

국난(國難)엔 무섭게 응집하고
외침(外侵)에 의병(義兵)이 벌 떼같이 일어난다

학문 사상 종교 이념 그 어느것도
철저한 외골수 극단으로 치달으려 한다.

뜨거운 사랑

안 보면 보고 싶고
보면서도 보고 싶다

바라보기만 해도
너무너무 행복하다

눈을 떠도 감아도
떠오르는 얼굴

마주 보는 거울처럼
곁에 두고 볼 수 없나!

머리에 가득 찬 생각
한없이 보고 싶을 뿐이다

안 보면 미칠 것 같고
보아도 보고 싶다

헤어져도 그립고
만나서도 그립다.

혼자만의 사랑

누구에게나 혼자 간직하고 싶은
숨기고 싶은 간절하고 은밀한 사랑이 있다

결코 남에게 꺼내 보이기 싫은
말하기 싫은 나만의 비밀 이야기

보거나 만지기만 해도
닳아 없어져 버릴 것만 같아
아끼고 감추고 싶은 소중한 물건처럼

힘들고 괴로울 때
지치고 외로울 때
또 잠 안 오는 밤이면

가끔 혼자 가만히 꺼내보는
짜릿한 눈부심 같고

가슴 두근거리게 하는 보석같이
헝클어진 마음을 곱게 빗어준다

누구에게나 영원히 지키고 싶은
애틋하고 그리운 사랑이 있다.

곤드레만드레

곤드레만드레 취하고 싶다

세상의 거추장스러운 옷 다 벗어버리고 홀가분한
마음으로 훨훨 날고 싶다

온갖 것 주렁주렁 매달고 뒤뚱거리고 절룩거리는
무거운 짐에서 풀려나고 싶다

곤드레만드레!
가슴속 쌓이고 쌓인 먼지 훌훌 털어버리고 싶다

눈 감고 귀 막고 큰 소리로 목청껏 노래 부르고 싶다
덕지덕지 겹쳐 입은 답답한 걱정의 옷
훌러덩 다 벗어던지고 싶다

랄랄라! 랄랄라! 랄랄라!

왜 이리 기분이 좋을까!
뭐가 그렇게 괴롭고 고통스럽나 정말 우습다!

뭐가 그리 두렵고 졸였나 기가 막힌다

세상 모든 근심걱정 다 날려 버리고 곤드레만드레
흠뻑 취하고 싶다

이 날아갈 듯한 기분과 흥!

랄랄라! 랄랄라! 랄랄라!

가깝게 죽음을 느끼며

지금 내 눈에는 모든 게 회색빛
겨울이 가고 봄이 멀지 않았는데
새롭고 화창한 봄날을 다시 볼 수 있을지

이 끊어지는 듯한 아픈 육신
차라리 고통보다 평안한 잠 같은 죽음이 그립다

때로는 삶이 힘들다 푸념도 했지만
돌아보면 너무나 그립고 행복했다

삶과 죽음을 다투는 이 절박한 순간에도
밖은 아무 일이 없는 듯 평온하기만 하다

문밖으로 아이들이 재잘거리고
행인들이 웃고 떠들며 지나간다

무료하기까지 했던 그 일상의 나날들

달게 한 번 음식도 먹어보고 싶고

훨훨 털고 기운차게 달려보고도 싶다

못할수록 더없이 간절하고 절실하지만
이제, 몸이 말을 듣지 않는다

이따금 꿈틀거리는 미련과 집착
다음 순간 고통의 탈출로 차라리 죽음을 바라는
이 절망감과 혼란스러움

내가 없는 것조차 모르는 아득한 무(無)와
영원의 망각으로 잠긴다는 허무감이
더욱 슬프고 견딜 수 없게 한다.

사랑하는 남자

새벽에 들려오는 사찰의 은은한 종소리 같은

깊은 산속 큰 산의 아득한 적막 같은

유유히 흘러가는 한가로운 흰 구름 같은

푸른 파도 출렁이는 드넓은 바다 같은

굽이굽이 감돌아 흐르는 느긋한 강과 같은

가지마다 과일이 주렁주렁한 넉넉한 가을 같은

온갖 새들이 깃드는 우람한 나무 같은

아무 꾸밈이 없는 자연을 닮은 사람

당신을 사랑합니다.

막사발

화려한 조명의 진열장 속 막사발
너무나 질박하고 뭉툭해 평범하기 짝이 없다
호사스런 자리가 오히려 민망하기까지 하다

아무데나 굴러다님직한 펑퍼짐한 막사발
어디서나 만나는 수더분한 시골 아줌마 같다

예쁘지도 아기자기하지도 이름처럼 막 생겨
아무리 뜯어봐도 특별한 게 없다

아무 생각 없이 손 가는 대로 빚은 듯한
귀하기는커녕 울퉁불퉁 못생기고 오히려
어설프기까지 하다

서민의 삶을 닮은 투박한 막사발
제 곳이 아닌 잘못 자리 잡은 듯 어색하지만,

미추(美醜)를 초월한 꾸밈없는 무심(無心)의 극치
한없이 수수하고 정겹다.

고물 자동차

아는 이 중에 아주 유쾌하고 재미있는 사람이 있다

20년도 훨씬 넘은 구닥다리 고물 엑센트 자동차를
지금도 자랑스럽게 몰고 다닌다

"차, 그만 바꿔라! 그게 뭐야!"
친구들이 딱해 하면

"어떤데? 엔진은 아직 멀쩡해! 얼마나 잘 나가는데!"

"돈을 붙여 내버려도 안 주워 간다!"

그는 여유가 있는데도 막무가내다

"옛날의 외제차 보기보다 더 힘들다니까!
지나가는 사람들이 왜 힐끔힐끔 보고 하는데!"

"참 좋겠다!"

"어제는 골목길에서 내 차와 똑 같은 게 지나가잖아!"

"자네 같은 사람이 또 있나 보네!"

"무척 반가웠지! 무한한 동지애를 느꼈다고 할까!"

그의 실없는 농담에 그만 모두 웃고 만다.

동산병원 4116호 병실

여섯 개의 병상이 병실 양쪽으로 세 개씩 마주 보고 있는,
갖가지 사연과 삶을 가진 환자들이 누워 있다
말로만 듣던 온갖 환자를 다 본다
위암, 대장암, 간암, 유방암, 폐암, 췌장암, 전립선암, 식도암, 난소암……
4층은 주로 암 환자나 수술 환자들이 입원하는 곳이다
밤새 애처롭게 앓는 환자가 있는가 하면 한가로이 앉아 퇴원을 기다리는 환자도 있다
자리가 비기가 바쁘게 새 환자가 들어오고 병실마다 간병인과 문병객으로 어수선하다
항암치료를 받으려 다시 입원하는 환자도 있다
병상마다 풍기는 다른 분위기
부산한 곳도 적막한 곳도 있다
처음은 생소하지만 환자들은 동병상련(同病相憐)으로 이내 친밀해진다
서툰, 익숙한, 지친 간병인과 환자도 있기 마련
입원으로 화목해진 집안도 갈등이 깊어지는 집안도 보인다
딸 많은 집을 부러워한다
개었다 흐렸다 하는 날씨의 변덕처럼 환자의 고통과 기분도

자주 변하고 가족도 함께 일희일비한다
세상이 온통 병으로 가득 차 있는 듯 한숨과 비애가 깔려 있는 곳
병과 아픔이 없는 세상은 없을까?

창 아래 눈부신 바깥이 전혀 살아보지 못한 낙원처럼 부럽다.

지하철 속 고독

지하철을 타면 최면에 걸린 듯 눈을 감는다
이따금 눈을 떠보지만 마땅히 시선을 둘 곳이 없다
비좁고 답답하고
지하철의 빠른 속도감이 무료를 달래준다

지하철이 멎으면 막힌 물이 빠지듯 사람이 쓸려가고 새로운 사람이 밀려온다

그들도 타는 순간 최면에 걸린 듯 초점이 흐려지고 표정 없는 얼굴이 된다

요란한 차바퀴의 기계음 소리
소음 속에 뒤섞인 안내방송 소리

무수한 무관심만 가득할 뿐 모두가 시선을 비끼고 자기 속에 숨는다

거대한 소용돌이 속에 알알이 부딪치고 흩어지는 고독과 단절을 씹는다

지하철을 타면 북적거리는 사람들 틈에서 더 깊은 외로움과 소외감에 눌린다

요즘은, 특히 젊은이는 앉거나 서거나 모두 휴대폰만 본다.

시대와 삶

사람은 태어난 각자의 시대와 삶을 열심히 살았다

한때, 혈기 왕성한 젊음도 있었고
가슴 설레는 사랑과 멋진 낭만도 있었다

돌아보면 즐겁고 슬프고 신나고 간절하고
온몸으로 부딪치며 절실하고 뜨겁게 살았다

할아버지는 할아버지의 시대와 삶이 있었고
아버지는 아버지의 시대와 삶이
아들은 아들의 시대의 삶이 있었다

누구에게나 똑같이 어제와 오늘과 내일이 있었다
희망과 절망, 웃고 울고……
그 속에서 주어진 각자의 시대와 삶을 맹렬히 살았다

돌아보면 아쉽고 쓰라리고 아련하고
미련이나 후회가 없는 건 아니지만 아낌없는 삶이었다

사람은 주어진 그 시대의 녹록지 않는 삶 속에서
최선을 다해 치열하게 산 것이다.

시골의 폐가

한때, 가족들이 오순도순 정겹게 살았을
빈집들이 흉가(凶家)처럼 쓸쓸하다

밭고랑에서 김매던 하얀 할머니가
굽은 허리를 펴며 반긴다

마을은 인적이 없어 절간처럼 쓸쓸하다

주위의 널려진 황폐한 논밭엔
잡초만 무성해 을씨년스럽기까지 하다

노을 뒤의 으스름 속
자욱한 저녁연기 사라진 황량한 마을은
깊고 깊은 적막 속에 잠겨 있다.

묵언(默言)

긴 세월 풍상에 깎이고 깎여 우뚝 선 검은 바위

선사시대의 거석 묘인 이끼 낀 고인돌

숲속 돌더미처럼 허물어진 옛 성벽

보일 듯 말 듯 바위에 새겨진 희미한 마애불(磨崖佛)

단청이 흐리고 퇴색한 고색 찬연한 고찰(古刹)

알아볼 수 없이 글자가 닳은 돌이끼 잔뜩 낀 비석

동구 밖 속이 썩은 몇 아름드리 느티나무

가부좌를 튼 목 없는 돌부처

아무 말이 없다

그래서 말없이 바라본다.

애견(愛犬)

애견(愛犬) 대회장 입구에 걸린 플래카드에
"너는 내 가족 너는 내 운명" 이라 씌어 있다

특히 홀로 지내는 이들은 반려견을 가족 이상으로
끔찍이 여긴다

애견 인구 천만!

애견을 위해서는 전혀 돈을 아끼지 않는다

애견이 하나의 커다란 사업이 되었다
미용, 패션, 병원, 사료, 각종 용품, 쇼핑몰과 카페 등

귀여운 발바리를 데리고 산책 나온 한 여인은,
"아이 하나 키우는 만큼 돈이 들어요!" 한다

예쁘게 치장해 아기 돌 사진을 찍듯 사진을 찍고
액자에 넣어 소중히 보관한다

홀로 가구가 5백만을 넘은 지금

애견은 내 삶 자체!

떼려야 뗄 수 없는 반려자로 한 가족이 되었다
간절한 연인보다 더 그리운 사랑이 되었다.

신호등 네거리에서

신호등이 푸른색으로 바뀌자
사람들이 뭉쳐서 길을 건너가고 있다

그 나이와 그 직업에 맞는,
각자가 처한 상황을 떠올리게 하는
그런 얼굴을 하고

모두 빠른 걸음걸이나
제 생각에 젖은 말 없는 표정이다

번화한 네거리 신호등이 있는 곳에는
신호를 기다리는 사람들로 북적거린다

빨간 불이 켜지고
잠시 기다리는 그 짧은 시간도
초조한 듯 조바심을 친다

무엇이 그토록 바쁠까?
무엇이 저처럼 내몰고 있을까!

다시 푸른 불이 들어오자,
서로 먼저 가려는 듯 어깨를 부딪치며
쫓기듯 빠른 걸음으로 건너가고 있다.

산다는 건

산다는 건 꿈을 허물며 사는 건지 모른다

되는 것보다 되지 않는 것
생각한 것보다 생각하지 못한,
하려면 안 되고
걱정하면 이상하게 되어 버리기도 하는
참으로 알 수 없는 게 세상의 일이다

바라는 대로 다 된다면
삶이 무슨 의미가 있고 가치가 있겠는가!

되기도 안 되기도 해야
재미있고 살맛이 나는 게 아닐까?

삶은 얽히거나 엉켜 버리기 쉽고
마음같이 되는 게 쉬 있을까?

바란다고 되는 게 아니며
된다는 착각 속에 애타게 헤맨다

이룰지 못 이룰지 몰라도
간절히 바라고 소원하는 것
우리를 있게 하고 견디게 한다

산다는 건
어쩌면 아쉬움과 미련인지 모른다.

쓰나미

바다 속 지진으로 인해 솟구쳐 밀려오는 해일(海溢)의 큰 파도 더미!

일본에서 일어난,
TV화면에 검은 물결이 하얀 비닐 밭을 안타깝게 쓸어 덮고 있다
검은 물감이 흰 천을 검게 물들이는 듯하다

거대한 물결이 방파제를 넘어 골목골목으로 폭포수처럼 쏟아져 들어온다
차가, 집이 장난감처럼 둥둥 뜨며 쓸려가 마침내 아무것도 남지 않는다

인구 밀집지역이 순식간에 쓰레기 더미로 변해 버린다
수많은 비극과 어쩌다 조그만 기적이 교차하며 많은 사람들이 한순간 목숨을 잃고 흔적 없이 사라진다

무서운 자연의 재앙 앞에 보잘 것 없는 인간의 미약함을 뼈저리게 느낀다

하필 눈발이 날리는 이 추운 때,
살아남은 이의 죽음 같은 고통과 악몽과 인내가 눈물겹다

인간이 쌓아올린 그 견고한 자만(自慢)
속절없이 당하며 아무 것도 할 수 없는 무력감과 쓰라린 비애 앞에 처절하게 겸손과 허무를 배운다

여진(餘塵)은 계속되고
혼란과 공포 극심한 추위와 굶주림 속에서도 자기보다 남을 먼저 배려하는 성숙하고 숭고한 시민의식

감당할 수 없는 슬픔과 아픔을 절제하는 모습이 너무나 감동적이다.

바쁜 것 없이 바쁜 하루

아침 일찍 일어나 안 하던 운동을 다 한다
정말 상쾌하다! 앞으로 계속 해야겠다!
특별하고 대단한 계획이나 결심보다도
매일 조금씩이라도 실천하는 게 더 의미가 있다 한다
오늘은 서점에도 가고 친구도 만나야 한다
대학졸업 후 처음 만난다
어떤 옷을 입고 나갈까?
옷까지 후줄근해 보이긴 싫다
친구는 신수가 훤해 보였다
직장을 다니는 그가 무한히 부럽다
회사일로 내려와 잠깐 틈을 낸 거라며 곧 헤어진다
서점에 들려 다음 시험 준비로 책을 사고
밖에서 간단한 식사로 점심으로 때운다
도서관엔 미스 리가 벌써 나와 책과 씨름하고 있다
지겨운 이 취업시험이 언제나 끝날까!
도서관에서 알게 되었지만 미스 리는 날씬하고
참 예의바르다
적극적으로 한 번 사귀어 볼까?
지금 내겐 그런 시간도 돈도 없다

연애란 내게 생각할 수 없는 사치다 체념을 하면서도
일부러 찾고 핑계를 만들어 말을 걸고 한다
며칠 전에 입사원서를 또 냈다
철저히 준비했지만 점점 자신이 없어진다
수없이 원서를 쓰고 면접도 봤다
실패의 면역? 전보다는 많이 담담해지긴 했다
버스를 타려다 가까운 거리라 운동 겸 걷는다
걸으면 생각할 시간을 가질 수 있어 좋다
늦은 저녁식사를 하고 사온 책을 좀 보다가 자리에 든다
바쁜 것 없이 바쁘게 하루가 너무 빨리 간다

내가 지금 뭐하고 있는 건가 하니 너무 한심스럽고
정말 사는 게 사는 것 같지 않다.

딸꾹질

이 끔찍하고 절망적인 상황에서 잠자리에 들 때마다
내일 아침 영영 눈뜨지 말기를 간절히 소원한다

그러나, 다음날 눈이 뜨이면서 전날의 지옥 같은 괴로움이
다시 되살아나 무겁게 가슴을 짓누른다

살고 싶은 생각이 조금도 없는데 때가 되면 배가 고프고
밤이 오면 졸음이 오니 이건 또 무슨 조화일까?

날개 꺾인 끝없는 추락
뿌연 안개처럼 덮쳐오는 앞이 보이지 않는 이 참담한 절망
감과 비애를 감당할 수 없고 견디지 못한다

타는 가슴을 술로 달래보지만 마약처럼 순간일 뿐 고통에
고통이 덧보탤 뿐이다
하루하루 살아내는 게 죽음보다 더 고통스럽다

견딜 수 없는 악몽 같은 이 추락의 끝은 과연 어디쯤일까?

엎친 데 덮친 격으로 불행은 어깨동무하고 온다더니
일부러 그렇게 하려 해도 안 되게 나쁜 일만 꼬인다

딸꾹질이 끝없이 이어진다
딸꾹, 딸꾹, 딸꾹……
민망스럽고 괴롭고 죽을 것 같은 이 딸꾹질은 또 언제나 멎을지.

명절

명절이 가까워 오지만 조금도 즐겁지가 않다
명절을 손꼽아 기다린 적도 있었는데

즐거워야 할 명절
왜 싫고 부담으로만 다가올까?

남편은 선물, 용돈, 꽉 막힌 귀성 행렬로
아내는 끝없는 부엌일, 시댁과 친정의 차별로

만나는 반가움보다 추궁성 덕담과 비교 당하기
화목하기보다 오히려 아픔과 상처만 준다

어쩌다 이렇게 삭막하게 변해 버린 걸까?
남편은 남편대로 아내는 아내대로 짜증나고 괴롭다

명절이 없었으면 좋겠다고 수없이 투덜댄다
반갑거나 설레는 즐거움은 하나 없고
부담과 섭섭함과 해묵은 갈등과 우울증만 보탠다

시간이 지나고 나면,
때론 스트레스도 아름다운 추억이 된다는데

명절 전후 오가는 차 속에서 아이들이 보든 말든
서운한 마음에 온통 부부싸움 판이다.

일만 하는 어머니

어머니는 너무 부지런해요!
젊은 우리가 못 당해내요

이제, 쉬셔야 할 연세인데

일하는 게 더 편하데요
쉬면 오히려 병이 난다나요

평생을 일 속에만 살아
쉬는 걸 아예 잊어버린 건 아닌지.

벗어나고 싶다

한가로이 흘러가는 구름같이 가고 싶은 대로 가는 바람같이
한없이 자유로워지고 싶다

때로는 하얗게 부서지는 폭포같이 힘껏 뛰어내려
산산이 부서지고 싶다

유유히 흐르는 강물처럼 아득히 멀리 멀리 흘러가고 싶다

촘촘히 엮어진 생의 그물 얽히고설킨 거미줄 같은 삶
훨훨 털어 벗어버리고 싶다

바람을 즐기며 팔랑팔랑 날아다니는
한 마리 나비가 되고 싶다

온몸을 흔들며 까마득히 치솟다가 아득히 날아가는
줄 끊어진 연이 되고 싶다

늦가을 가물가물 줄지어 바람에 날리듯 날아가는
기러기처럼 아스라이 사라지고 싶다.

암 극복

암이라고 진단 받았을 때
그만 다리에 힘이 풀려 털썩 주저앉을 뻔 했다

아무 감정 없이 무미건조하게 말하는 의사가
그렇게 원망스럽고 미울 수가 없었다

암에 걸렸다고?
내가 뭘 잘못하고 나쁘게 살았다고?

살고 싶다!
파란 하늘 눈부신 햇살에도
살랑거리는 나뭇잎에도 하염없이 눈물이 났다

하고 싶어도 늘 참고 다음으로 미룬 게
너무 억울하고 속상했다

"그때그때 즐기며 살 걸!"

전 같으면 아무렇지 않을 일도 너무 예민하게

받아들이며 괴로워했다

참으로 견디기 어려운 항암치료!
차라리 모든 걸 놓아 버리고 싶었다

가족의 눈물어린 정성이, 받을 아픔이
나를 잡아주고 끝까지 지켜주었다.

예쁘냐?

요즘 TV에 나오는 여자 아나운서는 다 예쁘다
K팝 여자 가수들은 더더욱 예쁘고
TV 속 여자 탤런트도 하나같이 예쁘다

운동선수도 잘생기면 더 각광을 받는다

잘생기면 신뢰가 가고 긍정적이 된다 한다

갓난아기도 예쁜 사람에게 더 시선을 고정시킨다고 하는데

남자애들은 누가 여자와 사귀다면 대뜸,
"예쁘냐?" 부터 묻는다

그래서 여자애들은 화장을 하고 무척 모양을 내려한다

"아름다움이 좋지만 이건 아니다" 불평을 늘어놓으면서도

젊은 여자에 관한 이야기만 나오면,
자신도 모르게 "예쁘냐!" 고 먼저 묻는다.

평범한 삶

기쁜 일에 기뻐하고 슬픈 일에 슬퍼하는
좋거나 싫거나 순수하게 받아들인다

웃고 우는 평범한 사람들 가장 건강하고 아름답다

산과 들을 풍요롭게 하는 이름 모를 풀과 나무들
가장 소중하다

수없이 스쳐 지나가는 잊고 마는 소소한 일들

일상의 평범함을 지닌 순수한 삶의 자세

우리를 살아있게 한다 살아가게 한다.

외로운 등대

보이는 건 눈 시린 바다와 흰 구름뿐
아득한 수평선을 허리에 감고
그리움에 젖어 있다

갈매기가 유일한 벗인 양
끊임없이 속삭이는
출렁거리는 파도에 묻혀 외롭고

고정된 자세로
언제나 먼 곳에 시선을 두고 서 있는,
신념이 뚜렷한 장인(匠人)처럼
삶의 위치와 방향을 이끄는 지표 같다

낮에는 흰빛을 띤 눈부신 모습으로
밤에는 칠흑 같은 어둠을 환하게 밝히고
비바람 치는 날엔
바다를 안내하는 고독한 길잡이

그러나, 그 소임이 끝나고 나면

언제 그랬냐는 듯
적막을 즐기며 그린 듯이 서 있다.

젊은 연인

가녀린 몸매와 맵시 있는 뒤태
발랄하고 가벼운 걸음걸이가
설레고 부럽고 경이롭기까지 하다

구부정하게 걷는
노인만 가득한 거리에

그들은 환하게 빛나는
눈부신 희망이었다

밝게 웃으며 다정히 손잡고 가는
젊은 연인의 정겨운 모습
너무 아름답고 행복하고 신선하다.

무승부

비기고 쓰라리고
비기고 환호하고

비기고 지고
비기고 이기고

패배 같은 무승부
승리 같은 무승부

패배보다 못한 무승부
승리보다 빛나는 무승부

묘한 삶의 맛!
이것이 인생이다.

노출

여름은 노출의 계절
발랄한 젊음에 눈이 즐겁다

훤히 보이는 것
다 보는 것은 순간적인
쾌감에 지나지 않는다

조금 덜 보는 게
오히려 남고 미화(美化)된다

안 보는 척 보는 게 더 절실하고
못 본 체 보는 게 상상적이다

약간 가린 것이 더 훤히 보는 것
조금 못 보는 게 다 보는 것이다

짧은 바지, 드러난 어깨,
훤히 파인 가슴, 엿보이는 배꼽

지나가는 아슬아슬한 차림이
자신도 모르게 자꾸 뒤돌아보게 한다.

빽

6·25 전쟁 때 총에 맞은 병사가
빽! 하고 죽는다는 우시게 소리가 있었다

한때, 빽만 있으면 못하는 게 없고
무서울 게 없으며 도깨비 방망이었다
도대체 못하거나 안되는 게 없었다

빽이 없으면 아무것도 할 수 없었다
되는 게 없었다
빽, 빽, 빽……

모두가 빽을 찾아 헤맸다
부러워하고, 절망하고, 욕하고, 분노하고, 슬퍼했다
빽, 빽, 빽……

아직도 그 말에 묘한 여운과 함께
강한 매력과 힘을 느낀다

탐욕이 있고 거래가 있고

세상을 마음대로 요리하고 주무르는 권력과
돈의 힘이 살아있는 한

무섭고 끈질긴 잡초의 생명력을 가진다.

영웅(英雄)

범인(凡人)이 아닌 뭔가 뛰어난 초인(超人)
아니면, 운이 아주 좋은 사람
시대가 영웅을 만든다 한다

세속(世俗)의 자로 잴 수 없는 초법자(超法者)
한 사람을 죽인 자는 살인자
수만 명을 죽인 자는 영웅이 된다

선두에 서서 한 시대를 이끈
강철 같은 의지와 군중을 사로잡는 친화력을 지닌,

빛나는 찬사와 아첨의 조명(照明)과
함성과 아우성이라는 배경을 가진 시대를 부린 사람

만들기보다 만들어진다

가까이 할 수 없는 신비로운 광휘(光輝)를 두르고
신화적(神話的) 투쟁과 고통 속에 자라난
혼란 속에 피는 거대한 꽃

지혜와 용기 위에 쌓는 굴곡진 치열한 운명 속에서
더욱 우뚝하고 찬연히 빛난다.

산속 모텔

인적이 드문 산속 길
구불구불 뱀허리같이 돌아가는 길 아래
지붕만 보이는 은밀한 모텔

아무도 찾아올 것 같지 않는데,
번호판이 보이지 않게 승용차가 서 있다

결코 남에게 보이고 싶지 않는,
야하고 내밀한 비밀이 숨어있을 것만 같아

억제할 수 없는 묘한 호기심이
야릇한 관음증(觀淫症)이 꿈틀거린다.

황금

영원히 변치 않는 눈부시게 번쩍거리는 황금!
사람들은 황금을 보면 마법에 걸린 듯 사족을 못쓴다

부(富)와 고귀(高貴)함과 사치(奢侈)의 대명사!

인간은 황금을 얻기 위해서 물불을 가리지 않는다

인간의 본성을 가장 극명하게 돋보이게 하는 황금
한없이 잔인하고 무자비하고 사악(邪惡)해진다

사람들은 황금으로 반지, 목걸이, 귀걸이로 치장을 하고
금침을 맞고, 금술을 마시고, 금 삼겹살을 먹고, 금가루로
마사지를 한다.

불꽃놀이

눈부신 짧은 순간의 황홀과 스러지는 아름다운 허무!

축제날!
요란스런 폭음과 함께 캄캄한 밤하늘에 우아하게 오색찬란한 빛을 뿌린다

다채로운 온갖 모양의 불꽃을 연출하는 눈부신 찰나의 빛의 향연
격렬한 화려함과 짜릿함을 함께 맛보며 숨을 죽인다

둥글게 부풀어 오르거나 부챗살을 펼치듯 섬광처럼 빛나다
잔잔하게 부서지는 숨막히게 조화로운 빛남의 극치

현란하고 매혹적인 빛의 난무(亂舞) 속 소리 없는 함성과 아우성을 본다

눈부신 빛으로 채색하는 호화로운 밤하늘처럼 마음도 환희로 높이 들뜨고

온 하늘 가득히 채우는 반짝이는 불꽃같이 아름다운 오색
영롱한 풍선같이 두둥실 하늘 높이 날아오른다.

웨딩드레스

하얀 순백(純白)의 옷자락
천사의 날개 같은 긴 너울
그 흰옷보다 더 하얀
선녀 같은 여인이 다소곳이 서 있다

일생에 단 한 번 그 옷을 입고
모든 여인은 천사가 된다

깃털처럼 부드럽고 가볍게
온 몸을 휘감는 설레는 느낌
멀리 창공(蒼空)을 날듯
넘치는 행복과 황홀감에 휩싸인다

꿈과 환상(幻想)
찬탄과 부러움이 쏟아지는
일생에서 가장 아름다운 모습
행복과 우러름을 받는 가장 빛나는 순간이다

화려하게 운명을 가르는

모든 변화를 담은 옷
쇼윈도에 걸린 하얀 드레스가
얼마나 소녀의 가슴을 설레게 했던가!

순결의 상징인 소녀에서
참된 여인이 되는 성스런 자리
나만을 떠난 우리로 함께 사는 행복한 구속
환희의 절정과 그 여운 속에서
새로운 삶과 일생을 연다.

복권 이월

지난주(週) 로또 복권이 이월(移越) 됐다
1등 당첨자가 없었다는데 몇 년 만이라 한다
한바탕 로또 바람이 또 거세게 불겠다
복권 명당 판매점에는 늘 사람들로 북적거린다
이번 일로 더욱 북새통을 칠 것이다
시장통을 지나다 사람들이 하는 이야기를 우연히 듣는다
"1등 하면, 이번에 큰돈이 되겠는데 복권들 사요!"
"산다고 된다면, 누가 안 사요!"
"살 때는 이상하게 꼭 내가 될 것 같거든"
"그게 중독이에요. 괜히 헛돈 쓰지 말아요!"
"안 사면 영 허전해서—"
"벼락 맞기보다 어렵데요!"
"아주머니, 만일 내가 복권을 탄다면 어떻게 될까요?"
"되긴 뭐가 돼요. 날개가 달려 어디론가 날아가 버리지!"
"하, 하, 하……"

큰맘 먹고 복권을 네 장이나 샀다
요즘 같으면 정말 날개가 달려 어디론가 날아가 버리고 싶다

이따금 그 아주머니 말에 홀로 미소 짓는다.

한 마리 나비

팔랑팔랑 날아다닌다

이 꽃 저 꽃으로 바람을 타고
하늘하늘 날아다닌다

나풀나풀 날아다니는 나비는
바람결에 날리는 꽃잎 같다

한 곳에 머물지 못하는 바람처럼
사뿐사뿐 날아다닌다

무게가 느껴지지 않는
아름답고 자유로운 영혼!

문득 한 마리 나비가 되어
훨훨 바람을 타고 날아다닌다.

I.M.F

신문에 경매 공고가 갑자기 쏟아진다
여러 면에 걸쳐 빼곡히 들어찬 수없는 경매 부동산
거기엔 헤아릴 수 없이 많은 기막힌 사연과
뼈저린 아픔이 배어 있다

삶의 뿌리가 송두리째 뽑혀버린,
도저히 어떻게 할 수 없는 처절한 상황 속에
우두커니 서 있을 그들

IMF로 인한 사회상이 농축(濃縮)된
위기(危機)와 해체(解體)의 거센 소용돌이가 보인다

모든 것을 잃어버린 삶의 진공 상태
시간이 지나면서 조여 오는 견딜 수 없는
절박한 삶의 압박을 그들이 어떻게 극복할까

경매(競賣)!
한 가정의 눈물이
한 가정의 웃음이 되기도 하는 역설(逆說)

한 시대의 거친 격랑(激浪)과 높은 파고(波高)에
산산이 부서지는 작은 물결의 파편(破片)과
운명의 너울에 휩쓸려 가는 아우성치는
가엾고 작은 삶들이 슬프다

나라 경제를 살리기 위한,
온 국민들의 자발적 뜨거운 금 모으기 운동이
세계를 놀라게 하기도 했었다.

화장하는 여인

여인은 늘 거울 속에 있는
또 다른 자기와 만난다

거기에는 가린 것 없는
순수한 자기의 민모습이 있다

화장은 흐트러진 모습을 여며주고
마음을 맑게 하고 정화해 준다

삶이 습관인 것처럼
화장은 여인의 삶의 일부분

자기 속에 침잠(沈潛)하여
자기를 창조하고 승화시킨다

예뻐지려는 고운 여심(女心)
아름다워지려는 간절한 갈구(渴求)

화장은 거친 삶의 물결에서

자기를 표현하고 지키려는
고귀(高貴)한 본능이다

아름다움은 모든 걸 열어주고
하나로 되게 한다.

어느 교통사고 뒷이야기

아침에 아는 이웃 아주머니와 이야기를 나눈다

"어제 교통사고로 사람들이 많이 다치고 죽었다지요?"
"예, 얼마나 가슴 아픈 일입니까!"
"10명이 죽었다 해요! 9명인데 아침에 한 명이 더 죽었다는군요!"

중상자가 많아 앞으로도 더 죽을지 모른다고 한다

"죽니 사니 하는 그런 큰 중상이면 차라리 죽는 게 낫지 않겠어요?"
"예?"
"머리를 수술하고 한다는데, 살아도 온전하겠어요?"
"그렇지만—"
"본인이나 가족이나 그 고통을 어떻게 감당해야 해요!"
"가족들도 그럴까요?"
"차라리 깨끗이 죽으면 보상이라도 받지—"

뭐라고 대꾸해야 할지 모르겠다

남의 일이니 쉽게 말하는구나 하면서도 수긍 안 할 수도 없다.

사리(舍利)

인생은
잠시
왔다가는 그림자

그토록
힘든 육신(肉身)
한 줌의 재로 남고

찬란한 광채(光彩)
영겁(永劫)의 세월 속에
머문다

득도(得道)를 향한
정진(精進)의 응축(凝縮)

구도(求道)의
치열한 매진(邁進)이
불보다 뜨거운가.

은실 같은 봄비

빗소리가 소곤거리듯 다정하게 들린다
불빛에 내리는 비를 비춰본다

가느다란 은실 같은 빗줄기
안심한 듯 창문을 닫는다

긴 겨울이 가고 설레는 봄이 오고 있다
얼마 만에 보는 반가운 빈가!

왠지 축복을 받는 듯 무척 기쁘고
흡족한 마음이 된다

밤새 보드랍게 내리는 봄비!

씻은 듯한 맑고 상쾌한 아침을 떠올리며
즐겁고 행복한 단잠에 빠진다.

아이를 키우며

어머니를 생각하고
엄마가 된 자신을 돌아본다

작디작은 씨앗을 틔워
크고 울창하게 자라도록 하는 일

그 멀고 까마득한 세월
그러나 건너뜀이 없이
하루하루가 쌓여야 이룰 수 있다

하는 짓마다 귀엽고
다 신동(神童)으로만 보이는
눈에 넣어도 아프지 않는
특별하고 대단한 신의 선물

남의 눈에 하찮게 보이는 일도
아주 크고 대단하게 느껴지는
어쩔 수 없는 엄마 맘

잠시라도 손 놓을 수 없는
끝없는 수고로움도
그저 즐거운 고생으로 행복하다

가는 싹이 한아름도 넘는
거목(巨木)으로 우뚝 자랄 수 있도록
밑거름이 되는 일

그리고, 그 힘겨움이 다 끝나는 날엔
언제 그랬냐는 듯 다 잊고 마는

고마운 순환과 생명의 섭리(攝理)
엄마의 몫이다.

평온한 일상

따분해도 변화 없는 평범한 하루가 행복하다

내일을 알 수 없는 복잡한 세상
무슨 일이 언제 일어날지 아무도 모른다

자잘한 삶의 고비가 끊임없이 파도처럼 밀려오는데
아무 일 없다는 건 참으로 다행이다

무료하기까지 한 매일의 보통 삶이 얼마나 소중한지
뜻하지 않게 당하는 어려움이나 아픔에서야 겨우 알게 된다

삶은 예측할 수 없고,
반복되는 메마른 생활이 때론 지루하고 답답하다 해도

갑자기 겪게 되는 어렵고 힘든 시련과 고통 앞에서
평온한 일상이 얼마나 고마운지 새삼 돌아보게 된다

조용하고 평화로운 하루가 바로 행복이고 축복인 걸
그때야 비로소 깨닫는다.

버들강아지

아직도 차디찬 겨울의 심술이 남아 있지만
양지쪽 실개울에 신기하게
벌써 뽀얀 버들강아지가 귀엽게 핀다

빨래하는 아낙네 물방망이 소리에 놀라
봄이 잠을 깬다고 했다

긴 겨울 매운바람에 갇힌 봄이
제일 먼저 찾아와 살짝 앉는 버들강아지

죽은 듯 메마른 가지 끝에 흐르는
부드럽고 신비로운 생명의 경이를 본다

윤기 있는 희고 보드라운 털에 감싸인
몽실몽실한 귀여운 버들강아지

반가워 한 가지 꺾으려다 그만 손을 멈춘다.

길을 가는 할머니

지치도록 살아온 하얗게 변해 버린 할머니가
지팡이에 기대어 겨우 길을 간다

고왔을 얼굴에는 세월의 자국이 가득하고
마르고 등이 굽어 서 있기도 위태롭다

힘에 겨운지 조금 가다 쉬고 조금 가다 쉰다

계단을 밟듯 살아온 삶의 층계(層階)마다
그 삶의 의미와 바람이 달랐지만
이제, 힘들게 끌고 온 육신의 짐을 벗을 때가 됐다

사랑과 의무의 속박에서 벗어난,
질기고 무거운 질곡(桎梏)의 허물을 벗어 기쁘지만
그게 삶이었다는 걸 새삼 깨닫는다

다 타버려 사그라질 듯
가는 바람에도 날려갈 것 같이 가볍다

조금 가다 쉬고 조금 가다 등을 두드리고
하얗게 센 조그만 할머니가 힘들게 길을 가고 있다.

인류의 앞날

인류의 역사에서 미 기록은 99%, 기록이 1%라 한다
인간의 진화(進化)는 거의 추측에 의한 것뿐이다

어떤 삶을 살았을까?
한순간의 방심이 생명을 앗아가는 약육강식의 거친
야생(野生)에서
인간이 어떻게 오늘의 위치에 까지 이르렀을까!

잡식성(雜食性)인 인간
한없이 잔인하고 교활하고, 한없이 부드럽고 자비로운 것도
그 생존방식 때문일까?

지나온 45억 년의 지구 나이에 비해
너무나 짧은 4, 5백만 년의 인류의 나이

수많은 종(種)이 생성(生成)과 멸종(滅種)을 거듭한 것처럼
인류도 영원할 수 없다

오만한 인간의 무분별한 산업화로 인한 자연 파괴와 지구

온난화,
우발적인 핵전쟁,
교통 발달로 인한 바이러스의 대 창궐,
일정한 시간 속의 반복하는 가혹한 기후변화,
대 행성의 충돌 등

앞으로 남은 50억 년의 지구의 미래
인류는 과연 언제까지 생존할 수 있을까?

지나침보다 모자람이 낫다는 과유불급(過猶不及)

끝없는 인간의 탐욕은 아무래도 인류를 더 빠른 멸망으로
이끌고 말 것 같다.

오십보백보

오십 보 도망간 자가 백 보 도망간 자를 보고 비겁하다 비웃는다
50만 원 먹은 자가 100만 원 먹은 자를 간이 크다 비웃는다
주행선을 어긴 버스가 추월하는 과속 택시를 욕하고 비웃는다
공약을 남발하는 선거 유세자(遊說者)가 사기꾼을 파렴치하다 비웃는다
사기꾼이 절도범을 쓰레기라 비웃는다
조폭(組暴)이 상습폭력배를 인간 말종이라 비웃는다

겨 묻은 개가 똥 묻은 개를 비웃는다

자기는 로맨스고 남은 불륜(不倫)
나는 되고 남은 안 된다
제 잘못보다 언제나 남 탓만을 일삼는다

비웃는다
비웃는 걸 비웃는다
비웃는 걸 비웃는 걸 비웃는다
비웃는 걸 비웃는 걸 비웃는 걸 비웃는다.

속마음

수없이 변하는 잠시도 머무르지 않는 마음
미묘한 마음의 갈래를 헤아리지 못한다

실날같이 끊이지 않는
가슴 속 흐르는 속삭이는 속마음
어쩌면 끈질긴 생명의 소리인지 모른다

마음 속 갈피마다 인화(印畫)된
어지러이 지나는 무수한 연상(聯想)의 가닥들
생각하고 지우고 끝없이 반추(反芻)한다

바람에 흔들리는 풀잎처럼 나부끼는

되뇌고 돌이키는 변화무쌍한 사유(思惟)의 끈은
살아있는 생명의 숨결 같다.

수많은 사람

번화한 거리에서 수많은 사람을 만난다
북적거리는 시장에는 서로 부대끼며 지나간다

출퇴근 시간의 전철역, 무슨 데모나 큰 행사 때,
인기 있는 운동 경기 시합 때, 유명한 가수의 공연장,
이름난 관광지, 유명한 축제……

발 디뎌놓을 틈 없이 사람이 바글바글 거린다

오늘도 수많은 사람이 주변을 스쳐간다
그 많고 많은 사람들!
그들은 누굴까?
모두 그 누군가의 아버지고 어머니고 아들이고 딸이다
사랑하는 가족이고 부모 자식 간이고 형제자매다

매일 일어나는 희비(喜悲)가 엇갈리는 수많은 사건과 이야기들

기쁘고 슬프고, 신나고 안타깝고, 좋고 괴롭고, 즐겁고 나
쁘고……

환희와 고통 속에 있다

거기에는 웃거나 피눈물 흘리는 가족이 언제나 함께 있다.

황홀한 우화(羽化)

글자 그대로 날개를 얻는다

굳고 딱딱한 번데기의 껍질을 벗고
빛나는 날개를 달아
승천(昇天)하듯 아름답게 날아오른다

맹렬한 정진(精進) 끝
어느 날 문득 득도(得道)의 경지처럼
극적인 변화

가장 위험하면서도 취약한
가장 짧으면서도 중요한
우화(羽化)의 순간이 눈부시다

스스로 갇혀
안으로 다지며 뜨겁게 키워온,

어둡고 둔탁한 모습에서
빼어난 모습으로 활짝 피어나는

같은 몸이면서
이제, 전혀 다른 모습으로
훨훨 하늘을 날며
멋지고 빛나는 새로운 삶을 펼친다.

큰아들

어머니가 치매를 앓는다
잠시라도 마음을 놓으면 금세 어디로 사라진다고 동생이
걱정한다

어머니를 동생이 모신다

방은 대소변 냄새로 퀴퀴하다
방안 네 구석을 끝없이 맴돈다 한다

헝클어진 머리와 전혀 몰라보게 수척해진 정신을 놓은 모습

전번에 어머니를 뵈었을 때,
"어머니! 절 알아보겠어요?"
겨우 들릴락 말락 가는 목소리로 알아보신다

때로는 정신이 말끔히 돌아온다고 한다

나뭇가지처럼 메마른 손을 잡으니 가슴이 미어진다

살아온 긴 세월을 잃어버린 안타까운 삶 아닌 삶
시간이 갈수록 모질고 가혹하게 인연을 가르는 고통스런 시련을 결국 이기지 못하고 운명하신다

어머니는 큰아들을 끝없이 부르며 돌아다녔다고 가게 아주머니가 일러준다

가슴에 앉은 납덩이처럼 무겁고 죄스러운 마음
시간이 갈수록 점점 더 아프고 서럽게 한다.

쓸쓸한 무덤

풀더미에 묻힌 허물어진 무덤
그 임자는 누굴까?

어떤 삶이었을까?

나고, 자라고, 사랑하고, 낳고,
살고, 죽고

희망과 절망 웃고 울고……
겪었을 수많은 삶의 순간이 떠오른다

이제, 나무에 가리고 잡초에 덮여
알아 볼 수조차 없다

백 년을 살기 어렵고
죽어, 무덤을 백 년 지키기 어렵다 한다

바람에 흔들리는 나뭇가지와
나풀거리는 풀잎들

저무는 주위의 요란한 풀벌레 소리

조금도 외롭지 않을 것 같다

멀리 물드는 붉은 저녁 놀이 슬프도록
아름답다.

부모 자식 간

자식은 품안의 자식
머리가 굵어지면
제 고집대로 하려들고

자식 농사는
욕심같이 안 된다

자식 일은 알고도 속고
모르고도 속는다

자식 이기는 부모가 없고

자식을 낳아야
부모 마음 알게 된다

부모는 기다리지 않고
그 자식이 부모가 된다.

환향녀(還鄕女)

절룩이며 살아서 돌아온 피맺힌 고향 산하!
반가움과 눈물의 상봉 대신 차가운 눈초리와 냉대 속
정절(貞節)을 잃은 여인이란 환향녀(還鄕女)가 되었다

암울하고 고단한 역사의 억울한 희생자인 그녀들
자나 깨나 한시도 잊은 적 없는 그리운 집에도 못가고
홍제원이 있던 서대문 밖에 머물 수밖에 없었다

그리고, 정절을 되돌리는 홍제원 냇물에 몸 씻기
눈물을 흘리며 피가 나도록 밑을 씻으며 목욕하는
슬프고 서러운 여인들!

못난 역사의 아픔을 그 여린 몸으로 맞으며,
기피와 천시 속에서 치욕을 감수하며 살아야만 했다

의지할 곳이 없는 그녀들은,
스스로 목을 매거나 서대문 밖에 모여 살거나
비구니가 되거나 청나라로 되돌아가거나
또는 창부(娼婦)가 되어 비참하게 연명(延命)을 해야 했다.

해녀(海女)

누가 시켜서 된 게 아니다
나서 자란 곳이 바다라 자연스레 해녀가 됐다

농부는 기름진 논밭이 일터이고
해녀는 비옥한 바다가 일터다

삶이 쉽거나 수월한 게 아니듯
바람과 파도에 씻긴 바위를 닮은 억세고 강한 모습

출렁거리는 푸른 파도를 타고
바닷속 숨겨진 해물을 건진다

뭍에서 왔거나 처음 보는 이에겐 낭만일지 몰라도
삶을 영위하기 위한 주어진 생업일 뿐

긴 자맥질 후 참아온 가쁜 숨을
"호오이" 긴 휘파람으로 날린다

부끄럽고 조금은 서투른 새내기 처녀에서

물찬 제비처럼 날렵한 새색시가 되고
어느덧 달인(達人)의 원숙미에 이른 아줌마
그리고, 옛날 같지 않는 힘겨운 할머니로
바다를 떠난다

단련된 육체와 억센 마음
바다는 그녀들의 삶이요 일상이요 터전이다

물 아래 삼 년 물 위에 삼 년
칠성판을 등에 지고 산다는,

해녀는 저승에서 벌어 이승에서 쓴다고 하기도 한다.

낙조(落照)

노을이 붉게 타고 있다

또 하루를 보낸다는 아쉬움과 함께
마음을 한없이 깊게 한다

먼 들 끝 검은 산 위로
타오르는 환한 불꽃의 잔영(殘影)

낙조(落照)의 붉은 불길이
노을에 젖은 구름에 옮겨붙고 있다

영원 속 수없이 반복되는
비장하고 선연한 아름다움

불어오는 맑은 바람과
상쾌하고 순수해지는 마음

하루라는 시간을 불사르듯
온통 하늘과 구름이 붉게 타고 있다.

큰바위

——마애불

영원처럼 긴 세월 속 뜨거운 열과
견딜 수 없는 압력 속에 자라나 비로소 태어났다

검은 이끼의 세월의 옷을 입은 큰 바윗덩어리

무한의 인내(忍耐)와 고통(苦痛)을 삭인
그 무게만큼 변하지 않는 크고 의연(毅然)함으로
세월을 이긴다

비바람 눈보라 속 천년의 세월에도
침묵과 무거움과 범상치 않는 자세로
오늘도 당당함을 잃지 않고 우뚝하다

품속에 품은 부처님의 미소
햇살처럼 따사롭고

어깨에 걸친 부드러운 옷자락 지금도 미풍에 나부낀다.

배영운 시집_ 황홀한 우화(羽化)

초판 인쇄 | 2020년 6월 5일
초판 발행 | 2020년 6월 10일

—

지 은 이 | 배영운
발 행 인 | 이광복
편집국장 | 김밝은

—

펴낸곳 | 사단법인 한국문인협회 月刊文學 출판부
주소 | 서울시 양천구 목동서로 225 대한민국예술인센터 1017호
전화 | 02-744-8046~7
팩스 | 02-743-5174
이메일 | klwa95@hanmail.net
등록 | 2011년 3월 11일 제2011-000081호
ISBN 978-89-6138-436-0 03810

—

값 10,000원

—

잘못 만들어진 책은 바꾸어 드립니다.